Starke Frauen haben Mut

Das Leben ist zu kurz für irgendwann

Ausgewählt und zusammengestellt
von Ilka Osenberg-van Vugt

Mit Bildern
von Lisandro Rota

HEUTE SCHON GELEBT?

JEDER TAG
IST EIN ABENTEUER

LIEBE FRAU!

Lass dich ein auf das Abenteuer des Lebens. Mach dich auf, voller Freude und Mut immer wieder Neues zu entdecken. Ohne Angst davor, was sich zeigt.

Gib dem Schönen Raum, finde Worte, die es beschreiben.

Werde weit und leicht. Tanze, lache, weine, schmunzle. Wirf auch mal die Regeln über Bord.

Bleib nicht am Vergangenen kleben.

Pflück das Schöne in dein Herz. Spreng den Rahmen des Alltäglichen, und geh leichten Schrittes voran.

Trag das Herz auf der Zunge. Genieße den Wind des Lebens, der dir um die Nase weht.

Trink Limonade, iss Schokolade zum Frühstück, wenn dir danach ist.

Laufe barfuß, und sieh dir nachts die Sterne an.

Sei dankbar für die Geschenke des Lebens. Genieße die Freude mit anderen, und sei dir gewiss, dass du richtig bist, so wie du bist.

Nimm deinen Platz ein und strahle!

Sabine Moosmann

Wer immer nur funktioniert, entzieht
sich dem Abenteuer des Lebens.

Armin Mueller-Stahl

LEBENSWUNDERLAND

Barfuß unter Sternen tanzen
tausend Apfelbäume pflanzen
laut dem Glück entgegen lachen
viele gute Dinge machen

einen Regentropfen fangen, einen
diese Welt verändern erst im Kleinen
Frieden sagen, Frieden buchstabieren
lautstark singend geh spazieren

und gib die Sorgenleine aus der Hand
du brauchst sie nicht

in diesem Lebenswunderland

Cornelia Elke Schray

DIE WELT IST SO SCHÖN

Die Kunst, richtig zu reisen
Entwirf deinen Reiseplan im Großen – und lass dich im Einzelnen von der
bunten Stunde treiben.
Die größte Sehenswürdigkeit, die es gibt, ist die Welt – sieh sie dir an.
Niemand hat heute ein so vollkommenes Weltbild, dass er alles verstehen
und würdigen kann. Hab den Mut zu sagen, dass du von einer Sache nichts
verstehst.
Nimm die kleinen Schwierigkeiten der Reise nicht so wichtig; bleibst du
einmal auf einer Zwischenstation sitzen, dann freu dich, dass du am Leben
bist, sieh dir die Hühner an und die ernsthaften Ziegen, und mach einen
kleinen Schwatz mit dem Mann im Zigarrenladen.
Entspanne dich. Lass das Steuer los. Trudele durch die Welt. Sie ist so
schön: Gib dich ihr hin, und sie wird sich dir geben.

Kurt Tucholsky

ZUPF DIR EIN WÖLKCHEN

Sommerfrische
Zupf dir ein Wölkchen aus dem Wolkenweiß,
das durch den sonnigen Himmel schreitet.
Und schmücke den Hut, der dich begleitet,
mit einem grünen Reis.

Verstecke dich faul in die Fülle der Gräser.
Weil's wohltut, weil's frommt.
Und bist du ein Mundharmonikabläser
und hast eine bei dir, dann spiel, was dir kommt.

Und lass deine Melodien lenken
von dem freigegebenen Wolkengezupf.
Vergiss dich. Es soll dein Denken
nicht weiter reichen als ein Grashüpferhupf.

Joachim Ringelnatz

LINIE 17

Nicht auf die
Schienen treten!
Die zarten
Notenlinien
der Morgenstraßen-Bahn.
Schon rollt sie heran.

Wer sie betritt,
darf fröhlich sein,
löst gratis einen Sonnen-Schein
von A nach B
ins hohe C.

Heut' reise ich auf Schaukelversen
ins wasserblaue, offne Land.
Die Straßen sind noch unbenannt.
In meinem Ohr
ein Kinderglockenspiel.
So in den Tag hinaus.
So ohne festes Ziel.
Beinah ein Abenteuer.

Ute Elisabeth Mordhorst

DAS SORGENHUHN

Es war einmal ein Sorgenhuhn.

Statt wie andere Hühner nach Körnern und Würmern zu picken, suchte dieses Huhn nach Gründen, sich Sorgen zu machen. Jeden Anlass dazu nahm es auf und verschlang ihn.

Auf diese Weise wurde das Huhn aber immer dünner und dünner.

Nicht nur, dass es kein Futter zu sich nahm, auch die Sorgen fraßen es von innen her auf.

Ein anderes Huhn bekam Mitleid und ging zum Sorgenhuhn. „So kann es nicht weitergehen", sagte es zu ihm. „Du darfst nicht nur nach Sorgen suchen! Ich zeig' dir mal, was es noch zu finden gibt."

Auf diese Weise lernte das Sorgenhuhn, dass sich im Boden leckere Krümel und Käfer verbargen. Und es lernte viele schöne Dinge kennen, wie das frische Gras, die bunten Blumen und die Sonne.

Das Leben war schön!

Hin und wieder fand das Sorgenhuhn zwar auch noch eine Sorge, aber mit einer ließ es sich gut leben.

Tania Konnerth

LIEBER LEICHTER LEBEN

Meine Bedenken
in alle Winde zerstreuen,
den Freudenteppich auslegen
und darauf lustwandeln.

Öfter mit meinem Engel tanzen,
singen, laut singen,
die Vergangenheit umarmen
und ruhen lassen.

Die Zukunft beschnuppern,
Besitzfesseln lösen,
Sehnsuchtswasser trinken
und Seelenbrot essen.

Mit dem Lichtbesen
die Schatten auskehren,
meinem guten Stern folgen
und der Stimme meines Herzens.

Nicht gelebt werden,
sondern selber leben,
leichter, friedlicher, mutiger
und glücklicher!

Angelika Wolff

BELIEBIG ZU VERÄNDERNDER TAGESPLAN

vertrauen und starten
fühlen und warten

lassen und tun
eilen und ruh'n

nehmen und geben
schweben und beben

Liebe verschenken
Menschen gedenken

spielen und schaffen
entspannen und gaffen

rühren und kneten
danken und beten

fassen und begreifen
wachsen und reifen

verlieren und finden
mich selbst überwinden

die Waagschale der Zeit mit Leben füllen
und mich in Kleider aus Freude hüllen

Angelika Wolff

Heute schon gelebt?

VER-RÜCKTHEITEN

Das Band durchschneiden
Über die Mauer klettern

Den Kopf
für zwei Minuten in die Schublade stecken
Tief durchatmen

Anlauf nehmen
Springen in ein unbekanntes Gewässer
Ein Risiko eingehen

Zum Frühstück Gummibärchen essen
Etwas ganz Verrücktes tun und wissen
Es ist verrückt
Aber deshalb nicht unsinnig

Zum Arzt gehen
obwohl man gesund ist
Ihm sagen:
Sie haben mir sehr geholfen.

Sabine Heuser

MEHR HIMMEL WAGEN UND MEHR

mehr Himmel wagen
mehr im Meer baden
mehr Sand zählen – als Erbsen
Sandburgen bauen – statt Luftschlösser
mehr Wind durch die Haare
als sie zu raufen
mehr Leben leben
als alles andere
einfach
mehr
eben

Frank Greubel

GELB

Heute lege ich mich ins Gelb
Licht fangen
Das schwarze Kleid habe ich ausgezogen
Es ist mir zu eng geworden

Nackt steige ich in die Fluten
Unter dem Blau des Himmels
Umschwirren mich
Sonnenfische mit Funkelschuppen

Heute lege ich mich ins Gelb
Breite die Arme aus
Und vergesse
Was sich gehört

Doris Bewernitz

Das Leben ist entweder ein wagemutiges
Abenteuer oder Nichts.

Helen Keller

TRÄUME DEIN LEBEN
LEBE DEINEN TRAUM

Ich will ein Kind, ein Haus am Meer, eine große Karriere, eine Wohnung
in New York, vier Kinder, vier Hunde, vier Katzen und einen Bauernhof,
Weltreisen mit dir und allein sein und lesen.

Doris Dörrie

TRÄUME

Irgendwann fragt dich niemand mehr:
„Was möchtest du mal werden, wenn du groß bist?"
Irgendwann bist du groß.
Du richtest dich ein.
In Unauffälligkeit, in Dingen, in Beziehungen, in Wohnzimmer.
Die Farben deiner Jahre wechseln immer schneller.
Nur du selbst bleibst langsam stehen.
Neues bedroht. Wagen bedroht. Leben bedroht.
Jetzt, an diesem Punkt, ziehe dich zurück.
Bis in dein Herz.
Und lausche.
Und lausche.
Bis sie wieder schimmern,
die Farben deiner Träume.
Denn keine Zeit der Welt vermag dir diesen Schatz zu rauben.
Brich wieder auf zu dir
und bau in deinen Tag
ein erstes kleines Märchenschloss.

Ute Sunke

ZUVERSICHT

Manchmal wäre ich gerne eine Zauberin.
Mit weisen Worten für jeden. Auch für dich.
Und ich würde gerne sagen: Du hast drei Wünsche frei.
Trau dich und wünsch dir was!
Ich würde gerne die Faust öffnen und Sternenstaub von der Handfläche pusten.
Damit deine Träume in Erfüllung gehen.
Ich hätte gerne eine Kugel aus Glas oder Kristall und würde im Nebel
die Zukunft sehen.
Um dir sagen zu können: Hab keine Angst. Alles wird gut.
Aber vielleicht muss ich dafür gar keine Zauberin sein.
Vielleicht reicht es, deine Freundin zu sein.
Um dir versprechen zu können: Du gehst diesen Weg nicht allein.

Hanna Buiting

VON DER SEHNSUCHT

Die Sehnsüchte der Menschen
sind Pfeile aus Licht.
Sie können Träume erkunden,
das Land der Seele besuchen,
Krankheit heilen,
Angst verscheuchen
und Sonnen erschaffen.

Indianische Weisheit

Man muss wünschen wollen,
an sich glauben, auf das Morgen
vertrauen, für das Morgen leben –
das heißt Leben.

Fanny Lewald

WIE DU WILLST

Mitten im Alltagsgewusel
Mitten in Lärm und Hast
Bleib stehen und schließe die Augen
Sei bei dir selbst zu Gast

Fass dir ein Herz und gestehe
Dir ein, was du vermisst
Erlaube dir deine Sehnsucht
Und den Wunsch, dass du glücklich bist

Und dann triff eine Entscheidung
Nimm dich selbst an die Hand
Erträume dir wild und entschlossen
Dein eigenes schönes Land

Und wenn du es entworfen
Dein Leben, wie du es willst
Dann öffne die Augen und sorge
Dafür, dass du es dir erfüllst

Doris Bewernitz

TRAUM UND WIRKLICHKEIT

Deine Lebensstraße
Ist mal grad, mal krumm
Oft erscheint der Weg dir
Mühsam, schwer und stumm

Manchen Packen trägst du
Lass ihn lieber stehn
Ohne so viel Ballast
Wirst du leichter gehen

Eines jedoch solltest
Niemals du verlieren
Ohne dieses Eine
Kann dein Herz erfrieren

Ohne dieses Eine
Ziellos wär dein Lauf
Das sind deine Träume
Gib sie niemals auf

Doris Bewernitz

SO VIEL LEBEN

Neulich fand ich einen vergilbten Zettel
in der Schublade.
Ich glättete das Papier
und las meine Worte
von damals.

Ich wollte die Welt verändern.
Ich wollte New York unsicher machen.
Ich wollte Japanisch lernen.
Ich wollte den Amazonas retten.
Ich wollte sämtlichen Diäten trotzen.
Ich wollte dir immer die Wahrheit sagen.
Ich wollte in Schönheit altern.
Ich wollte nie ohne Liebe einschlafen.
Ich wollte Unkraut im Garten erlauben.
Ich wollte freie Kinder erziehen.
Ich wollte den Frieden erhalten.
Ich wollte eine gute Nachbarin sein.
Ich wollte alle wichtigen Bücher lesen.
Ich wollte jeden Tag eine Runde joggen.
Ich wollte mich niemals überarbeiten.
Ich wollte immer neugierig bleiben.

So viel Leben,
denke ich, und dass ich manches erreicht habe.
Ich falte den Zettel wieder zusammen
und lege die Jugendträume
in mein Leben von heute.

Ilka Haederle

UND DOCH!

Du musst dich nach dem hohen Himmel strecken
und doch mit beiden Beinen auf dem Boden stehn,
du darfst noch ein paar Träume in dir wecken,
doch träumend nicht die Wirklichkeiten übersehn,

darfst Möglichkeiten prüfen und durchmessen,
zu Tage fördern, was vielleicht noch in dir ruht,
und doch darüber nie so ganz vergessen:
Sehr viel von dem, was ist, ist jetzt schon schön und gut!

Jörn Heller

PINNWAND FÜR DIE TRÄUME

Ich schreibe meine Träume
in Schönschrift auf Blätter
aus feinstem Papier
und hefte sie
an eine himmelblaue Wand
im Haus meines Lebens.

Violett und rostrot,
sonnengelb und türkis,
grasgrün und rosa
schimmern die Träume.

Vielgestaltig
kommen sie mir entgegen:
als Sterne und Wolken,
Blüten und Herzen,
mal kantig, mal rund.

Wieder und wieder
gesellen sich neue hinzu.

Manchmal schaue ich sie an
und verliere mich eine Weile in ihnen.
Zuweilen nehme ich einen der Zettel ab,
weil ein Traum sich locken ließ
und aus den Gedanken heraus trat
ins Leben.

Tina Willms

TRAUMVERWIRKLICHUNG

ich träumte
einen schönen traum
ich träumte ihn
immer wieder
ließ ihn in mir weiterträumen
ich fing an zu träumen
zu hoffen
zu glauben
er könne wirklichkeit werden
ich teilte ihn
mit anderen menschen
die ähnlich träumten
und begriff irgendwann
dass er längst begonnen hatte
sich zu realisieren
der traum
war zum willen geworden
hatte hand und fuß bekommen
prägte und gestaltete das leben
in wunderbarer weise
mein traum
wurde wahr

Beate Schlumberger

Nicht in Ehrfurcht
erstarren
vor dem Unmöglichen,
von Zeit zu Zeit
einen Traum ins Leben retten.

Antje Sabine Naegeli

Wenn du es träumen kannst,
kannst du es auch tun.

Walt Disney

HÖR AUF DEIN HERZ

lass dir Flügel wachsen
sprich mit deinem Bauchgefühl
greife beidhändig nach den Sternen
trau unbedingt deinen Augen
halte bewusst die Nase in den Tag
plane gezielt Freudensprünge
steck mit der Liebe unter einer Decke

hör auf dein Herz

Cornelia Elke Schray

NIEMALS!

Wolle niemals, was nach Ansicht
anderer du wollen solltest!
Folge dem, was du schon immer
tief im Innern sollen wolltest!

Suche nicht den Weg der andern,
finde deine eigne Spur!
Niemand kennt dein Gehvermögen,
niemand als du selber nur!

Jörn Heller

DIE GESCHICHTE VON DER ENTSCHEIDUNG, DIE FAST NICHT GETROFFEN WURDE

Einmal stand eine große Entscheidung an. Alle waren gekommen, um ihre Meinung dazu zu sagen. Die Vernunft brachte gute Gründe dafür vor, und die Gefühle sahen die Sache ähnlich. Die Logik ging anders an die Angelegenheit heran, kam aber zum gleichen Schluss. So wurde nach und nach klar, dass die Entscheidung wohl positiv ausfallen musste.

Doch dann meldeten sich die Bedenken zu Wort. Sie nahmen alles, was gesagt wurde, drehten einiges herum und teilten die Argumente so auf, dass genauso viel für die Sache wie auch dagegen sprach. Jedem neuen Argument begegneten sie mit einem Gegenargument, und man diskutierte tage- und nächtelang weiter.

Die meisten waren inzwischen müde und genervt. Ihnen war es egal geworden, wie die Entscheidung ausfallen würde. Die Bedenken hatten sich bei allen so breit gemacht, dass nur noch Lähmung zu spüren war. Und so beschlossen alle, die Entscheidung aufzuschieben.

Da aber geschah Folgendes: Die Bedenken legten ihr Veto ein. Sie brachten viele gute Gründe dafür vor, dass man die Entscheidung jetzt sofort treffen müsse.

Da schauten sich die anderen an. Endlich trat die Tat vor und nahm die Sache in die Hand. Sie schickte die Bedenken nach Hause, führte eine Abstimmung durch und begann sofort damit, die Entscheidung in die Tat umzusetzen. Die Bedenken wurden von da an nie wieder zu einer Entscheidungsfindung eingeladen.

Tania Konnerth

EINFACH MAL NEUGIERIG SEIN

- ✿ Kontakt suchen oder einen Menschen ansprechen, den man nicht kennt.
- ✿ Die Alltagsroutine durchbrechen. Etwas Gewohntes bewusst anders machen.
- ✿ Einen Ort, einen Platz oder ein Land besuchen, an bzw. in dem man noch nie vorher war.
- ✿ Auch außerhalb des Berufes gibt es Interessantes zu entdecken.
- ✿ Eine neue Sprache erlernen, ein Musikinstrument, eine neue Sportart. Etwas Neues angehen, das man sich bisher nicht zugetraut hat.
- ✿ Unbekannte und exotische Speisen probieren.
- ✿ Vielseitige Interessen pflegen.
- ✿ Begeisterung und Neugier entwickeln für neue Themen. Dazu Veranstaltungen besuchen (Theater, Lesungen).
- ✿ Sich in einem Ehrenamt betätigen.
- ✿ Ein neues Hobby pflegen.
- ✿ Immer wieder Neues und Ungewöhnliches wagen.

DAS GEFÜHL DES ANFANGS WECKEN

Man kann gar nicht oft genug im Leben das Gefühl des Anfangs in sich aufwecken, es ist so wenig äußere Veränderung dafür nötig, denn wir verändern ja die Welt von unserem Herzen aus, will dieses nur neu und unermesslich sein, so ist sie sofort wie am Tage ihrer Schöpfung und unendlich.

Rainer Maria Rilke

WONACH SUCHST DU?

Nach Glück, Liebe, Seelenfrieden?
Suche nicht am anderen Ende der Welt danach,
sonst wirst du enttäuscht, verbittert
und verzweifelt zurückkehren.
Suche am anderen Ende deiner selbst danach,
in der Tiefe des Herzens.

Aus Tibet

MUTMACHER

Manchmal flammt auf
in mir die Angst
vor der eigenen Courage
wenn Entschlüsse stehen
neue Wege warten
und der erste Schritt
gesetzt werden will …

… und manchmal ist da
eine Hand
die mich liebevoll anstupst
und losgehen heißt

… und manchmal ist da
ein ermutigendes Lächeln
vom anderen Ufer

dann werfe ich mein Herz voraus
und gehe erwartungsvoll
über die Brücke
von gestern nach morgen.

Maria Sassin

Mein bester Freund öffnete die Kommodenschublade seiner Ehefrau und holte ein in Seidenpapier eingewickeltes Schächtelchen heraus. Es war nicht irgendeine Schachtel, sondern ein Päckchen mit Unterwäsche. Er entfernte das Papier und betrachtete die feine Seide und die Spitze.

„Dies kaufte ich meiner Frau, als wir zum ersten Mal in Paris waren. Das ist jetzt knapp zehn Jahre her. Sie hat es nie getragen, denn sie wollte es sich für einen besonderen Anlass aufbewahren. Und jetzt, denke ich, ist die Gelegenheit dazu gekommen!"

Behutsam legte er die Wäsche zu den anderen Kleidungsstücken, die von dem Bestattungsinstitut mitgenommen werden sollten. Denn seine Frau war sehr plötzlich gestorben. Als er sich zu mir umdrehte, sagte er noch: „Bewahre dir nichts für einen besonderen Anlass auf. Jeder Tag, den du lebst, sollte ein besonderer Anlass sein!"

Oft denke ich an diese Worte, denn sie haben mein Leben verändert.

Heute lese ich viel mehr als früher und wasche weniger mein Auto. Regelmäßig sitze ich auf meiner Terrasse und genieße die Natur, ohne auf das Unkraut im Garten zu achten. Ich verbringe viel mehr Zeit mit meiner Familie und meinen Freunden und weniger Zeit mit Arbeit. Ich habe begriffen, dass das Leben eine Sammlung von Erfahrungen und Erinnerungen ist, die es zu schätzen gilt.

Daher bewahre ich nichts mehr für besondere Tage auf. Jeden Tag benutze ich meine Kristallgläser und mein bestes Geschirr. Wenn mir danach ist, trage ich meinen schönsten Anzug, um in den Supermarkt zu gehen. Wenn ich Lust dazu habe, kaufe ich mir die besten Karten im Theater oder bestelle mir im Lokal das, wonach es mich gerade gelüstet.

Ich habe mir sogar einen Computer gekauft und Kurse belegt, obwohl ich dachte, dass ich zu alt dafür sei. Sätze wie: „Demnächst ..." oder „Wenn ich Zeit dazu habe ..." habe ich aus meinem Vokabular verbannt.

Ich nenne dies nun „meine Lebensqualität". Alles, was mir Freude bereitet und mir lohnend erscheint, möchte ich jetzt sehen, hören und tun und nicht erst, wenn sich die „Besondere Gelegenheit" dafür bietet. Manchmal überlege ich, was die Frau meines Freundes gemacht hätte, wenn sie gewusst hätte, dass sie nur noch kurze Zeit leben würde?

Ich glaube, dass sie sicherlich noch ihre Kinder, Enkel und ihre engsten Freunde besucht hätte. Vielleicht hätte sie auch manche Menschen angerufen, um sich mit ihnen zu versöhnen. Der Gedanke, dass sie noch zu ihrem italienischen Lieblingsrestaurant essen gegangen wäre, gefällt mir sehr.

Wenn ich wüsste, dass meine Tage gezählt sind, würde ich mit vielen Menschen, die mir am Herzen liegen, Kontakt aufnehmen, um mit ihnen zu reden, zu feiern und zu lachen.

Ich würde all jene Briefe schreiben, die ich irgendwann mal schreiben wollte. Ich würde allen wichtigen Menschen in meinem Leben sagen, wie sehr ich sie schätze und liebe!

Seither lebe ich jeden Tag und jede Stunde in einem ganz anderen Bewusstsein.

Gisela Rieger

Wohin du auch gehst,
geh mit ganzem Herzen.

Was immer du tust,
tu es mit ganzem Herzen.

Wann immer du liebst,
liebe aus vollem Herzen.

Ein glückliches, erfülltes Leben zu führen, heißt:
Leb dein Leben mit ganzem Herzen.

Gisela Rieger

WEG

die wege
nach innen
sind
die weitesten

Helena Aeschbacher-Sinecká

WANN, WENN NICHT JETZT

DU BIST DIE HELDIN DEINES LEBENS

*Mir wurde klar, dass ich lieber als Autorin scheitern wollte,
als weiter Karriere als Juristin zu machen.*

Gretchen Rubin

DU BIST ES DIR WERT

Wann nimmst du dir Zeit für dich
wann lobst du dich für deine Arbeit
wann lässt du dein Herz sprechen
wann verzeihst du dir deine Fehler
wann lächelst du dich im Spiegel an
wann wächst du über dich selbst hinaus
wann gibst du deiner Angst den Laufpass
wann liebst du dich so wie du bist
wann erfüllst du dir deinen Herzenswunsch
wann lässt du deine Sorgen los
wann vertraust du deiner Intuition
wann tanzt du ausgelassen mit dir
wann siehst du wie schön du bist
wann lachst du mit deinem Kind in dir

wann lebst du endlich dein Leben
wie du es verdienst

Gabriela Paydl

ÜBER DEN GESAMTPLAN DES LEBENS

Eines Nachts im Traum erschien mir Seneca. Sogleich fragte ich, ob ich ihn um Rat bitten dürfe: „Jeden Tag frage ich mich immer wieder, was ich zu tun oder zu lassen habe, und die Entscheidung fällt mir stets sehr schwer."

Er sprach zu mir: „Fasse stets das höchste Gut ins Auge! Der Gesamtplan deines Lebens muss mit deinem Handeln übereinstimmen."

„Mein Leben komplett planen?", fragte ich irritiert, „ich wäre schon froh, wenn nur ein Tag nach Plan verlaufen würde. Über mehr als ein paar Wochen vorauszudenken ist unmöglich!"

„Wenn du den Gesamtplan deines Lebens nicht vor dir siehst, wie willst du dann die ganzen Einzelheiten in Ordnung bringen können?", sagte er.

Auf meinen fragenden Blick sprach er weiter: „Stell dir vor, du hast für die Gestaltung deines Lebens eine ganze Farbpalette zur Verfügung. Doch würdest du ohne einer festen Vorstellung von dem, was du wirklich willst, kein Bild gestalten können. Daher mache dir stets bewusst, was deine eigenen Werte, Sehnsüchte und Ziele sind!

Viele Menschen scheitern, weil sie nur an die Einzelheiten ihres Lebens denken, sich aber des Lebens als Ganzes nicht bewusst sind."

Nachdenklich saß ich am nächsten Morgen am Frühstückstisch. Dann zog ich meinen Mantel an und fuhr in die Stadt, um mir eine Leinwand und eine ganz große Farbpalette zu kaufen.

Gisela Rieger (inspiriert nach Texten von Lucius Annaeus Seneca)

DAS BANKKONTO

Stell dir vor, du hättest bei einem Gewinnspiel 86.400 Euro gewonnen.
Jeden Morgen stellt dir die Bank weitere 86.400 Euro auf deinem Bankkonto
zur Verfügung.

Doch so wie jedes Spiel bestimmte Regeln hat, gelten auch für diesen
Gewinn folgende Spielregeln:

- Der Gewinn kann weder angespart, noch auf ein anderes Konto
  überwiesen werden.
- Das Geld kannst du nur selbst ausgeben.
- Alles, was du im Laufe des Tages nicht aufgebraucht hast, wird dir
  über Nacht wieder weggenommen.
- Jeden Morgen, wenn du erwachst, eröffnet dir die Bank ein neues Konto
  mit weiteren 86.400 Euro für den ganzen Tag.
- Die Bank kann dir jederzeit ohne Vorwarnung mitteilen: „Das Spiel ist
  aus!"
- Sie kann dein Konto wieder schließen, ohne dir jemals wieder ein neues
  zu eröffnen.

Wie würdest du mit deinem Gewinn umgehen?

- Würdest du dir alles kaufen, was du möchtest und das dir gefällt?
- Würdest du die Menschen beschenken, die dir nahestehen und die
  du liebst?
- Würdest du sogar an fremde Bedürftige Geld geben, da du die tägliche
  Summe nie für dich allein aufbrauchen kannst?
- Würdest du auch versuchen, jeden Euro auszugeben und ihn zu nutzen?

Genau genommen ist dieses Spiel die Realität: Jeder von uns besitzt so eine
„magische Bank"!

Gefangen im Alltagstrott, vor lauter Stress, Hektik und durch viele Termine
nehmen wir unser tägliches Konto oftmals gar nicht mehr wahr.

Die magische Bank ist die Zeit!

Jeden Morgen, wenn wir aufwachen, bekommen wir 86.400 Sekunden Leben für den Tag geschenkt, und wenn wir am Abend einschlafen, wird uns die ungenutzte Zeit nicht gutgeschrieben.

Du selbst hast jeden Tag die Wahl, achtsam und sinnvoll mit der Zeit umzugehen.

„Deine Zeit ist ein Geschenk des Himmels!"

Gisela Rieger

Eine verlorene Unze Gold kann gefunden werden.
Eine verlorene Unze Zeit nie.

Chinesisches Sprichwort

STÄRKEN ENTDECKEN

Immer vorwärts! deine Stärke
liegt in deiner eignen Brust,
nur dass du sie erst durch Werke
unermüdlich wecken musst.

Tändelnd hüpft mit Lebestönen
wohl der Bach durchs flache Land,
doch er stürzt mit Donnerdröhnen
nieder von der Felsenwand.

Erst bei jenen Hindernissen
fühlt er, dass er Stärke barg,
Eichen hat er mitgerissen!
Das bedenke! – und sei stark!

Lass nie ungenützt ein Heute
rasch entfliehn bei Lust und Scherz,
manch gute Körnlein streute
dir dein Schicksal in das Herz.

Lass ein jedes sorgsam reifen,
denn für jedes kommt die Frist;
so erst lerne, zu begreifen
wie unendlich stark du bist.

Tief aus deinem Innern ranke
mählich sich zum Licht die Saat,
erst Empfindung, dann Gedanke,
Wort hierauf, und endlich: Tat!

Rainer Maria Rilke

HEUTE BLICKE ICH MUTIG DEM LEBEN INS GESICHT

Heute werfe ich meine Fragen in den Himmel
und bitte um Licht und Hoffnung.

Heute versuche ich der Angst Hausverbot zu erteilen
und vertraue der Kraft, die mich erschuf.

Heute schenke ich meine Sorgen dem Wind
und rufe ein paar Engel zur Unterstützung.

Heute will ich mich bemühen, nicht alle Rätsel zu lösen,
und übe die Kunst der kleinen Schritte.

Heute blicke ich mutig dem Leben ins Gesicht
und bleibe im Großen und Kleinen mir treu.

Heute singe ich mit den Amseln um die Wette
und nehme mir alle Zeit der Welt.

Heute bin ich dankbar, dass ich bin, wie ich bin.

Cornelia Elke Schray

ICH BIN

Ich bin was ich bin
Und ich bin wie ich bin
Und so wie ich bin
Bin nur ich ganz allein.

Ich bin was ich bin
Und ich bin wie ich bin
Und so wie ich bin
Bin ich richtig für mich.

Ich bin was ich bin
Und ich bin wie ich bin
Und so wie ich bin
Macht mein Sein für mich Sinn.

Marion von Vlahovits

WIDERSPENSTIG

Nicht immer nur
„Ja und Amen" sagen.
Ungestüm und widerspenstig
lässt sich manches bewirken.

Tina Willms

EIGENSINN

In jeder Ameise
steckt eine Grille
der man beizeiten
das Fiedeln
ausgetrieben hat

Ich bringe es
mir mühsam
wieder bei

Anne Steinwart

Man kann viel,
wenn man sich nur recht viel zutraut.

Wilhelm von Humboldt

ES IST DEIN WEG

LOSGEHEN
UND GLÜCKLICH SEIN

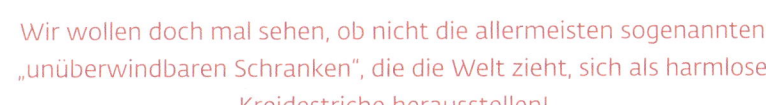

Wir wollen doch mal sehen, ob nicht die allermeisten sogenannten „unüberwindbaren Schranken", die die Welt zieht, sich als harmlose Kreidestriche herausstellen!

Lou Andreas Salomé

GEHEN

Gehen
wohin dein Frageblick
träumt

in die äußerste
Gegenwart

Rose Ausländer

EXPERIMENT

Einfach mal losgehen, aus deinem Zuhause.
Heute in die eine, morgen in die andere Richtung, 2.000 Schritte weit.
Stehenbleiben, in Ruhe schauen. Dann lauschen, riechen, spüren.
Entdecken, was immer schon da war. Zum ersten Mal.
Nie wieder wird es, nie wieder wirst du genauso sein, wie in diesem Moment.

Tina Willms

DU KANNST

Trotz Sackgassen
Kannst du umkehren
Trotz Umwegen
Kannst du ankommen
Trotz Einbahnstraßen
Kannst du weiterlaufen
Trotz Parkverbot
Kannst du rasten

Trotz Gegenverkehr
Kannst du vorwärts gehen
Trotz Kreuzungen
Kannst du dich entscheiden
Trotz roter Ampeln
Ist dein Weg nicht zu Ende
Trotz großer Entfernung
Kommst du irgendwann ans Ziel

Frank Greubel

WERDE WEICH

Was macht die Weide am Fluss so stark?
Sie gibt sich dem Wind, sie ist weich bis ins Mark.
Was macht das Wasser im Meer so gewandt?
Es fließt, wo es Raum hat, von Land zu Land.
Geschmeidig und zart trotzt die Schwalbe dem Sturm,
Beweglich und zäh gräbt die Erde der Wurm,
Die friedliche Tulpe blüht wider den Frost,
Das Hungerblümchen besiegt den Nordost,
Die weichen Ranken umschmiegen die Grenze
Und tragen doch Früchte und Blütenkränze.
Mach's wie sie, lass das Kämpfen, freundlich und still
Geh deinen Weg und er trägt dich ans Ziel.

Doris Bewernitz

NEULAND

Es kommt der Tag da stehst du auf
verlässt die gewohnten Gedanken
packst die alten Meinungen in eine Schachtel
wischst dir mit dem Handrücken
die Selbsttäuschungen von der Netzhaut

Der Kiste mit dem Machichmorgen
gibst du einen Tritt wenn nötig zwei
und schließt die Tür zu den Selbstzweifeln
mit dem Bewusstsein einer Aufbrechenden
die plötzlich ihr Ziel kennt

Und wenn du die Bordkarte der Zukunft
dann endlich genüsslich und liebend liest
steht darauf sogar ein neuer Name

Cornelia Elke Schray

ZUR QUELLE

Es gibt Berge, über die man hinüber muss,
sonst geht der Weg nicht weiter.

Ludwig Thoma

Glück sprudelt
aus nie versiegender Quelle.
Um sie zu finden,
muss ich meinen Schritt
gegen den Strom lenken
und ungeahnte Pfade gehen.

Maria Sassin

Heute will ich um die Sonne hinter den grauen Wolken wissen
und dem Glück in meinem Kopf ein Zuhause geben.
Heute will ich an Erdbeeren denken im tiefsten Winter,
an Schnee in der Sommerhitze und in Gedanken ganz frei sein.
Heute will ich mir eine Schnecke zum Vorbild nehmen und
die Eile vergessen, die mir den Seelenatem nimmt.

Heute will ich singend all den Erwartungen davonlaufen, die
nicht mich meinen und schon gar nicht kennen.
Heute will ich mir neu einen Weg abseits ausgetretener Pfade
bahnen und mich der Freude hingeben, mit allem, was ich bin.
Heute will ich meinen Ängsten davontanzen, vor meinen Sorgen
Reißaus nehmen und vertrauen, dass das Gute mich beschützt.

Heute will ich träumen, dass ich den Weg gefunden habe,
zu werden, wie der Himmel mich gemeint hat,
und ihn sehenden Auges gehen ...

Cornelia Elke Schray

DIE ZWEIFLER

Noch bei jeder meiner Entscheidungen waren die Zweifler zur Stelle und meldeten sich zu Wort: Wird das gut gehen? Hast du dir das gründlich überlegt? Hast du dich abgesichert? Ist das nicht zu gefährlich?

Nein, liebe Zweifler, ich habe äußerst selten etwas gründlich bedacht. Ich wusste in der Regel nicht, ob es gut gehen wird. Ich habe mich nicht abgesichert. Aber ich habe mich tragen lassen von der jungen Freude des Entdeckens, von meiner Neugier, von der Lust auf Leben und Freiheit. Nur so konnte ich Erfahrungen machen. Und auch mit ein paar Beulen und Schrammen, die ich dabei jeweils abbekam, ist das Ergebnis immer berauschend gewesen. Hätte ich stets alles bis ins Letzte bedacht – ich hätte bis heute noch nicht einmal laufen gelernt.

Doris Bewernitz

Die Welt ist unsagbar tief, ihrer Möglichkeiten ist kein Maß. Und darum: gehen, gehen, immer gehen. Es ist der Schritt, möchte ich sagen, der erobert. Und wenn es mit zusammengebissenen Lippen und geschlossenen Augen geschehen muss – nur immer gehen, gehen, gehen.

Christian Morgenstern

LOS GEHT'S

Kurs nehmen
Im Lebensmeer
Mit geblähten Segeln
Den Kompassvögeln nach
Richtung Hoffnung

Wünsche hissen
Die Angst über Bord werfen
Und wenn alle Stricke reißen
Auf sprühenden
Träumen davonjagen

Hermine Geißler

*Wer auf den rechten Weg will,
muss durchaus durch sich selbst hindurch.*

Wilhelm Busch

WALK ON

Halte durch,
sei voll Zuversicht.
Richte dich auf,
hab eine Stimme.
Erkenne die Verheißungen deines Lebens,
werde anderen zur Erfüllung.
Kehre am Ende des Tages heim,
mit einem Gefühl von Frühling im Herzen.

Hanna Buiting

DEIN WEG

Worauf wartest du
hol deine Träume hervor
nimm die weiße Muschel vom Sand
halte sie dir ans Ohr

Worauf wartest du
hörst du den Sehnsuchtston
Jahre vergehen wie Tage
die Sonne senkt sich schon

Worauf wartest du
der Horizont ist weit
folge dem Ruf deines Herzens
geh, es wird Zeit

Doris Bewernitz

Es tut jeder gut, sich auf seine eigenen Beine zu stel-
len, diese Beine mögen sein, wie sie wollen.

Theodor Fontane

SEI FRECH, WILD UND WUNDERBAR!

DAS LEBEN IST ZU KURZ FÜR IRGENDWANN

FINDE DEN SCHATZ

Es war einmal eine Frau, die unbedingt reich werden wollte. Und weil sie von einem alten Weisen gehört hatte, der zu jedem Anliegen einen guten Rat wusste, machte sie sich auf den Weg zu ihm.

Der Weise lebte in einer Hütte. Die Frau trat ein und begrüßte ihn. Ohne dass sie ihm den Grund ihres Besuches genannt hatte, sagte der Weise zu ihr: „Komm mit, ich führe dich zu Reichtum." Die Frau folgte ihm erfreut. Der Weg war steil und anstrengend. Schließlich erreichten sie einen klaren Bergsee. Der Weise zeigte auf den Grund des Sees, wo etwas glitzerte: „Da unten ist ein Schatz, mit dem du reich wirst."

Der Frau kamen Zweifel. „Ich kann nicht gut schwimmen und tauchen, und der Schatz scheint sehr tief zu liegen. Auch ist das Wasser sehr kalt." Der Weise lächelte: „Vielen Menschen geht es so. Sie zweifeln, ihnen fehlt der Mut, sie hören nicht auf ihre innere Stimme. Und so warten sie ein Leben lang, dass ihnen etwas zufällt."

Da nahm die Frau all ihren Mut zusammen und tauchte in das kalte, klare Wasser. Als sie wieder an die Oberfläche kam, strahlte sie über das ganze Gesicht und zeigte dem Weisen ihre Hand voll mit Edelsteinen. Durch ihren Mut fand sie nicht nur zu Reichtum, sondern sie hatte auch die Erkenntnis gewonnen, dass in jedem von uns ein Schatz liegt, den es zu entdecken gilt.

Überliefert

Unsere Wünsche sind Vorgefühle der Fähigkeiten, die in uns liegen,
Vorboten desjenigen, was wir zu leisten imstande sind.

Johann Wolfgang von Goethe

SCHNECKENMUT

Es bog um die Ecke
die mutige Schnecke
zum Übergangszwecke
am Zebrastreifsaum.
Das ganze Gequatsche
und üble Geklatsche
von Fußgängermatsche,
es störte sie kaum.

Sie selbst war gescheiter
und kroch einfach heiter
zum Ziel immer weiter,
was morgens begann,
von Streifen zu Streifen,
durch rollende Reifen,
und – kaum zu begreifen –
um zwölf kam sie an!

Jörn Heller

ABSCHIED UND AUFBRUCH

alles soll sich ändern
wie es ist soll es bleiben
ich wohne in neuen plänen
trenne mich von meiner sucht
nach sicherheit
und halte alles fest
das altbekannte ist leicht
und hat gewicht
ich bürste mich gegen den strich
lasse alles stehen und liegen
mache platz für etwas neues
doch tausend bilder und geschichten
von gestern und vorgestern
nehme ich mit
aufgezeichnet in meinem herzen
für alle zeit
sie wiegen mich in sicherheit

Anne Steinwart

MUTIG

Am Morgen bin ich
über meinen Schatten gesprungen,
da lag unversehens
der Tag vor mir
in verlockendem Licht.

Tina Willms

Über den Wolken
Lauschen die Sterne,
Hinter den Nebeln
Lächelt die Ferne.
Brich durch die Ängste,
Fliege, mein Mut!
Deine Gestirne
Führen dich gut.

Hermann Kurz

Fürchte dich nicht vor einem großen Schritt.
Mit zwei kleinen Sprüngen kannst du keine Schlucht
überwinden.

David Lloyd George

TRAU DICH

Leg dich auf die Erde
Spüre ihre Kraft
Fühle wie sie in dir
Neue Räume schafft

Wirf dich in das Wasser
Tauche tief hinein
Lass dich wiegen, tragen,
Sand und Muschel sein

Geh hinaus ins Dunkle
Ist dir noch so bang
Hörst sonst nicht der Sterne
Zarten Nachtgesang

Was kann dir passieren
Als dass dein Herz zerbricht
Und du siehst in den Scherben
Dein eigenes Gesicht

Doris Bewernitz

TANZE AUS DER REIHE

Wenn du dich
im Kreis drehst
ist es Zeit
aus der Reihe
zu tanzen

Marion Schmickler-Weber

HERZ UND HAND

Nimm dein Herz in die Hand
Setz den Fuß auf dein Land
Es erwartet dich schon
Und dein Mut wird dir Lohn

Dein Weg ist wunderschön
Niemand sonst kann ihn gehen
Mach es dir nicht so schwer
Gehst du nicht, bleibt er leer

Deine Sprache, dein Blick
Dein Gesang, dein Geschick
Deine Angst, deine Ruhe
Sind so einzig wie du

Nimm nichts mit, nackt und bloß
Mach dich auf und geh los
Setz den Fuß auf dein Land
Nimm dein Herz in die Hand

Doris Bewernitz

MUT UND ICH

Mut ist nicht nur Bungee-Springen,
ganz allein vor Vielen singen,
ist nicht laut, nicht derb, nicht grob,
schämt sich niemals für ein Lob.
Mut ist, Schwäche zuzugeben,
sie als Stärke dann erleben.
Mut ist, Stille auszuhalten
und in ihr sich zu entfalten,
ist Geduld zum Freund zu machen,
täglich oft und herzlich lachen,
nicht die Zuversicht sich rauben,
immer wieder an sich glauben.
Mut ist, sich entgegenstellen,
wenn die Welt macht ihre Wellen,
standhaft bleiben ganz tief innen,
auf die Stärken sich besinnen,
vor sich selber ziehn den Hut.
Vertrauen haben, das ist Mut.

Marlene Abele-Lins

DAS ERSTE MAL

Wenn mir einer vor sieben Wochen gesagt hätte …

dass ich hier stehen und für dich singen würde,
dass ich lernen könnte,
wie man ein Fünf-Gänge-Menü zaubert
und lässig einen Reifen wechselt,
dass ich beim Chef auf den Tisch hauen
und die Gehaltserhöhung einklagen würde,
nur weil du und ich ein Wohnmobil brauchen,
um zusammen die Panamericana hinunter zu düsen,
dass ich einen Computerfreak
und einen Kräuterfan in mir entdecken würde,
dass ich lachen kann,
wenn mir das Wasser bis zum Hals steht,
Perlenketten trage und Gummistiefel,
mit dir im Regen um die Wette laufe
und denke,
dass dies alles für die Ewigkeit ist …

… dann hätte ich ihm nicht geglaubt.
Ich glaube mir ja selbst nicht,
aber dir!

Inge Müller

ICH BIN MEHR

Ich bin
Ich bin mehr
Ich bin wertvoll
Mit dem was ich kann
Und denke und fühle
Mit dem was ich gebe
Und dem was ich nehme
Ich kann so viel mehr
Und manches auch weniger
Bin nicht in allem gut
Aber manchmal auch
Gar nicht so schlecht
Ich bin
Wie ich geworden bin
Wie ich bin
Weil ich bin

Frank Greubel

MEHR ODER WENIGER

Ich will mehr Sonnenuntergänge
und Nächte im Freien,
mit Sternschnuppen
oder auch nicht,
mehr Wolkenweiß
und Regengrau
und das allererste Tageslicht.
Ich will mehr von dir,
deinen Verrücktheiten,
deinem Lachen
und von all dem,
was auf so wundersame Weise
keinen Wert darauf legt,
einen Sinn zu machen.

Isabella Schneider

Sei frech und wild und wunderbar.

Astrid Lindgren (zugeschrieben)

Am Ende gilt doch nur,
was wir getan und gelebt – und nicht,
was wir ersehnt haben.

Arthur Schnitzler

Über den Künstler:
Lisandro Rota, geboren 1946, ist ein italienischer Künstler aus Lucca. Ausgebildet in Buchhaltung begann er seinen Weg zur Kunst als Autodidakt. Schon bald stellte er in Einzel- und Gruppenausstellungen aus. Heute sind seine Werke in vielen Sammlungen auf der Welt vertreten. Liebevoll karikiert er den Menschen und seine Gewohnheiten. Vor allem kurvige Frauenfiguren haben es ihm angetan. Mit Lust und Leidenschaft leben sie ihre Träume, Wünsche und Sehnsüchte. Die kleinen Ticks und Eigenschaften, die sie dabei offenbaren, wirken umso liebenswerter. Sie sind stark, mutig, leidenschaftlich. Sie lieben, leben, lachen und haben das Herz auf dem rechten Fleck. Diese Frauen leben bunt und tun das, was ihnen gefällt.

Quellennachweis:
Marlene Abele-Lins: S. 53 © bei der Autorin. **Rose Ausländer:** S. 39 Gehen, aus: dies., Gesammelte Werke / Wieder ein Tag aus Glut und Wind, hg. v. Helmut Braun, © S. Fischer Verlag GmbH, Frankfurt am Main. **Helena Aeschbacher-Sinecká:** S. 28 © bei der Autorin. **Doris Bewernitz:** S. 10, 14, 40, 44, 46, 52, 53 © bei der Autorin. **Hanna Buiting:** S. 13, 45 © bei der Autorin. **Hermine Geißler:** S. 45 © bei der Autorin. **Frank Greubel:** S. 9, 40, 54 © beim Autor. **Ilka Haederle:** S. 15 © bei der Autorin. **Jörn Heller:** S. 17, 21, 49 aus: ders., Ab heute: gut drauf! Gedichte zum Losleben, © 2024 Verlag am Eschbach. **Sabine Heuser:** S. 9 © bei der Autorin. **Tania Konnerth:** S. 6 Das Sorgenhuhn, S. 22 Die Geschichte von der Entscheidung, die fast nicht getroffen wurde, aus: dies., Aus der Schatzkiste des Lebens. Geschichten, die ein Lächeln schenken, © 2012 Verlag Herder GmbH, Freiburg im Breisgau. **Sabine Moosmann:** S. 3 © bei der Autorin. **Ute Elisabeth Mordhorst:** S. 5 © bei der Autorin. **Inge Müller:** S. 54 Das erste Mal, aus: dies.; Fange den Tag, © 2009 Verlag am Eschbach. **Antje Sabine Naegeli:** S. 19 © bei der Autorin. **Gabriela Paydl:** S. 30 bei der Autorin. **Gisela Rieger:** S. 26f Ein besonderer Anlass, S. 32f Das Bankkonto, aus: dies., Sinn-volle Geschichten 2, © Gisela Rieger; S. 31 Über den Gesamtplan des Lebens, aus: dies., Sinn-volle Geschichten 3, Ziel Verlag, © Gisela Rieger; S. 28 © Gisela Rieger. **Maria Sassin:** S. 25, 41 © bei der Autorin. **Beate Schlumberger:** S. 19 © bei der Autorin. **Marion Schmickler-Weber:** S. 52 © bei der Autorin. **Isabella Schneider:** S. 55 © bei der Autorin. **Cornelia Elke Schray:** S. 4, 21, 36, 41, 42 © bei der Autorin. **Anne Steinwart:** S. 37, 49 © bei der Autorin. **Ute Sunke:** S. 12 © bei der Autorin. **Marion von Vlahovits:** S. 36 © bei der Autorin. **Tina Willms:** S. 18, 37, 39, 50 © bei der Autorin. **Angelika Wolff:** S. 7 © bei der Autorin.

3. Auflage 2025
Alle Rechte vorbehalten
© 2024 Verlag am Eschbach,
Verlagsgruppe Patmos in der Schwabenverlag AG, Ostfildern
Im Alten Rathaus/Hauptstraße 37
D-79427 Eschbach/Markgräflerland

www.verlag-am-eschbach.de
kundenservice@verlag-am-eschbach.de

Illustrationen: © Lisandro Rota
Gestaltung und Satz: Angelika Kraut, Verlag am Eschbach
Kalligrafie: Ulli Wunsch, Wehr
Druck: Grafisches Centrum Cuno GmbH & Co. KG, Calbe
Hergestellt in Deutschland
ISBN 978-3-98700-067-6